おきな（わの） マジムンず！

文・朝里 樹

絵・ショルダー肩美

沖縄や奄美がまだ「琉球」と呼ばれていた頃から、人々はさまざまなマジムンに出会ってきた。マジムンとは、琉球の言葉で「魔物」という意味で、「化けもの」や「妖怪」のことをそう呼ぶんだ。

なにかと人の股をくぐろうとしてくる動物、魚の目玉ばかり食べているヤツ、津波を予言する下半身が魚の姿をしたヤツ、「ヘーイ」と呼びかけると水中に引きずりこもうとしてくる仲西さん、フンドシが苦手なヤツ、ニワトリの鳴き声を聞くとどこかへいなくなるヤツ、「シーヒク」と声をかけると背が縮む髪の長いヤツ。

もし君もこんな人や動物を見たことがあるなら、それはマジムンかもしれない。

この本では、そんなマジムンたちについて、人々とのかかわりやルーツ、そして日本の妖怪たちとの共通点や違いを紹介しているぞ。普段から妖怪のことを愛してやまない君も、いつもは妖怪の本なんて読まない君も、この本を読めば、見知らぬマジムンやマジムンの新たな一面に出会うことができるだろう。そして琉球にまつわる文化や歴史、日本に伝わる妖怪とのつながりを知ることで、マジムンについてもより理解が深まるはずだ。この本を足がかりにして、マジムンや妖怪についてさらに調べてみるのもいいだろう。

さあ、ちょっとヘンテコで不思議なマジムンの世界へ出発だ！

沖縄や奄美では妖怪を「マジムン」という名前で呼んだ。マジムンとは「魔物」の意味で、死者や動物、物などが化けて現れる。その正体に関わらず、さまざまな化けものたちがマジムンと呼ばれるんだ。

マジムンにはいろいろな種類がある。たとえば「アカングヮーマジムン」は「赤ん坊のマジムン」という意味で、その名のとおり赤ん坊の姿をしていて、これに生きている人間が股の下をくぐられると魂を取られて死んでしまう。「アフィラーマジムン」は片足のないアヒルのマジムンで、やっぱり股をくぐられると死んでしまうそうだ。「ハーメーマ

ジムン」はおばあさんの姿をしたマジムンで、おばあさんの霊ともいわれているぞ。

物が化けるマジムンもいる。「ミシゲーマジムン」はしゃもじのマジムンで、若い人間の姿に化けたりするという。似たものとして、しゃくしがマジムンになった「ナビゲーマジムン」もいる。これらは古い道具が化けるといわれているぞ。

このように、沖縄にはいろいろなマジムンの話が伝わっている。この本にもいろいろなマジムンが登場するぞ！

▶ 沖縄や奄美で「魔物」や「化けもの」を意味する言葉だ！
▶ 「○○マジムン」、というかたちでいろいろな妖怪の名前にもなっている。
▶ 人間、動物、道具など、どんなものでもマジムンになる可能性があるぞ。

ほかにも「マヤーマジムン」「イシナギマジムン」などが知られているぞ！

「シーサー」は沖縄でよく見られる獅子をかたどった像で、村の要所や家の屋根、門の上などに魔除けとして置かれていて、その顔はとてもおそろしげだ。でも、シーサーは悪い霊や妖怪、病気、災害といった悪いものから人々を守ってくれる存在だと考えられているんだ。

その姿は獅子、つまりライオンがモデルだという話があり、昔、中国から獅子のことが伝わって、沖縄でも獅子をかたどった像が作られるようになったのではないかといわれているぞ。

シーサーにまつわるもっとも古い話が確認できるのは、18世紀に琉球王国の歴史について書かれた『球陽』という本だ。その本によると、富盛村（現八重瀬町）という場所で何度も火事が起きて、家が燃えた。そこで大田親雲上という風水師にどうするべきかを尋ねると、大田親雲上は「八重瀬岳が火の山の形をしている。獅子の形をしたものを作って、この山の方に向けて設置すれば、火事を防ぐことができる」と言った。そこで村の人たちが石を彫って獅子の形をした像を置いてみると、火事が起きなくなった。これは1689年のことだったといわれているんだ。

> ▶沖縄で人々を妖怪や病気、災害から守る守り神だ。
> ▶1体だけ置かれることも、2体1組で置かれることもある。
> ▶シーサーの姿は獅子、すなわちルーツはライオンだといわれているぞ。

エジプトのスフィンクスもライオンがモデルだとされているんだ！

キジムナー

沖縄に伝わる妖怪の中でも特によく語られるのが「キジムナー」だ。赤い髪の毛に赤い体の子ども、または黒い顔をした子どものような姿の妖怪で、古いガジュマルなどにすんでいる。そのため、木の精ともいわれている。力がとても強く、相撲がうまい。また、いたずら好きな一方で人間と仲良くなることも多くて、山での仕事や漁、家を建てることなどを手伝ってくれる話も多いんだ。

キジムナーが好きなのは魚の目で、漁を手伝ってくれたときはお礼としてキジムナーに魚の目を片方あげるとよいという。嫌いなものは人のおならやタコ、刃物で、キジムナーと縁を切るためにこれ

らを使う話もある。しかしキジムナーは嫌なことをした人間に仕返しすることも多いようだ。

キジムナーの話は、古いものだと18世紀に書かれた『遺老説伝』という本に残っている。この本にはキジムナーという名前は出てこないけれど、「仲良くなった化けものの住む木を焼いたところ、その化けものの復讐にあった」と書かれている。こういった言い伝えはキジムナーの話としてたくさん伝わっているぞ。
キジムナーは何百年ものあいだ、沖縄の人たちに信じられてきた妖怪なんだ。

▶沖縄でもっともよく知られた妖怪だぞ！

▶ガジュマルの木にすんでいて、赤い体や黒い顔の子どものような姿をした妖怪だ。

▶人間を助けてくれることもあるけれど、機嫌を損ねると仕返しされてしまう。

海で片目の魚がとれたときは、キジムナーのしわざだといわれているぞ！

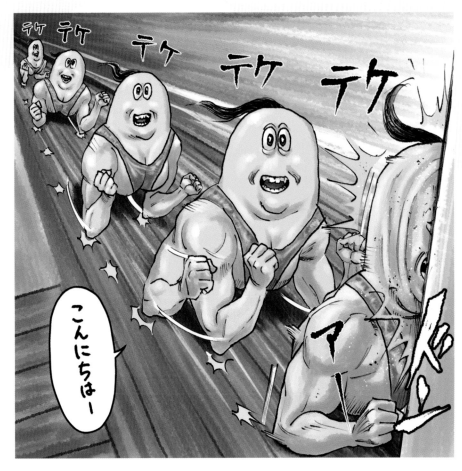

下半身が切断された人間の姿をしているという化けもの。その姿は少年だったり、少女だったりするが、足がないため、肘で地面を這いつくばってくる。そのとき、「テケテケ」という音がするため、「テケテケ」と呼ばれているのだという。

現れる場所もさまざまで、学校だったり、暗い夜道だったり、トイレだったりする。カマなどの武器を持っていることもあり、テケテケに追いかけられて捕まると、体を真っ二つにされて殺されたり、テケテケの仲間にされてしまうそうだ。

テケテケは肘で走るというのにとても速く移動できる。普通に走ると追いつかれてしまうから、途中で直角に曲がってテケテケをまどわせるのが効果的だ。どうしても追いつかれそうな場合は「地獄に落ちろ」と呪文を唱えよう。この呪文はテケテケを追いはらうのに効果的だといわれている。

今では全国的に知られているテケテケだけれど、初めて日本でうわさされたのは今から40年以上も前、1980年の沖縄だという話がある。そして沖縄の子どもたちが学校の怪談として雑誌に投稿するなどして、沖縄から日本各地に広まっていったとされているぞ。

▶ 下半身が切断された人間の姿をした恐ろしいお化け。上半身は少女だったり、少年だったり、おじさんだったり、さまざまだ。

▶ すごい速さで人間を追いかける。追いつかれればテケテケにされてしまうかもしれないぞ。

踏切で電車にひかれたことがきっかけで、テケテケは下半身を失ったという話もあるんだ！

鬼になった兄

首里金城町（現那覇市）には、鬼になった男の話が伝わっている。

昔、ウターという女性が兄と二人で暮らしていた。ウターは兄と仲が良かったが、結婚することになり、兄はひとりになってしまった。

それからしばらくして、人を食べる鬼が現れたとうわさになった。ウターが兄の家を訪ねると、兄はどこにもいなかった。兄は鬼になったのだと思ったウターがうわさの洞窟に行くと、本当に鬼になった兄がいた。ウターは何とか逃げ、兄を倒そうと決意する。そして兄を自分の家に呼び、中に鉄を仕込んだモチを食べさせた。そのモチを食べあぐ

ねている兄に、自分は下の口で鬼も食べてしまうのだと言って兄をおどかしたため、今度は兄が逃げ出してそのまま崖から落ち、死んでしまった。

以来、鬼を退治したモチは「鬼ムーチー」と呼ばれ、沖縄では鬼になった兄を退治した日を「鬼ムーチーの日」と呼んで、ムーチーを食べるようになった。

この話は古くからあったようで、1713年に書かれた『琉球国由来記』という歴史書にも書かれている。当時の人々も厄払いとしてムーチーを作り、食べていたんだ。

▶ 人間が鬼になり、子どもをさらっては食べていたといわれている。
▶ ムーチーを蒸した汁を「ウネーフカ フコーウチ（鬼は外、福は内）」と言って家の周りにまくという、節分のような行事も行われているようだ。

妹が結婚して家を出てから鬼になったらしい。「お兄ちゃん」から「鬼いちゃん」になってしまったんだね。

アカマタは奄美や沖縄に生息しているヘビだけれど、妖怪や神様としての言い伝えが残っている。有名なのは、アカマタが男性に化けて女性をまどわせる話だ。

昔、琉球王国のとある村に美しい娘がおり、その娘の元にある青年が毎晩通ってきた。娘は両親にないしょで青年と会っていたけれど、青年は自分がどこから来たのかを教えてくれなかった。そのうちに娘は身ごもり、ついに両親に青年のことがばれてしまう。母親の提案で青年の正体を確かめるため、長い糸を通した針を青年の服にさして、青年が帰った後、その糸を辿ってみると、穴の中でア

カマタが眠っていた。
二人は驚き、お腹の子をどうすればいいか、村のユタ（占いなどをする人）に聞くと、3月3日になったら浜に下りて、砂を踏んでから体を海水に浸しなさいと教えられた。娘と母親がそのとおりにすると、アカマタの子どもを生まずにすんだ。これは「ハマウイ」という、女性たちが浜に下りて身を清める行事となって、今も沖縄各地で行われているぞ。

また、糸を使って毎晩やってくる青年の正体を探ると蛇だった、という話は日本各地にある。日本神話を記録した『日本書紀』には、大物主という若者の正体がヘビだった、という話が書かれているんだ。

▶ヘビの妖怪、または神様とされている。
▶美しい人間に化けて人をまどわしたりするぞ。
▶アカマタが書いた文字を見ると気が狂うという話もある。

伝統行事のハマウリは、今では潮干狩りやピクニックのようなかたちで親しまれているんだ！

黒金座主
くるがにざーしー

昔、那覇の若狭町に護道院という寺があって、黒金座主というお坊さんがいた。彼はお経を読むのがうまく、人々に人気があったが、その一方で妖術を使って女性に悪さをしたり、ものをぬすんだりしていた。そこで、首里王府の命令で北谷王子という人が黒金座主を倒すために家にまねいて囲碁で勝負をした。黒金座主の提案で、囲碁の勝負に黒金座主が勝てば北谷王子のマゲを切り、北谷王子が勝てば黒金座主の耳を切ることとなったんだ。

黒金座主は囲碁の途中で王子に妖術をかけ、まどわしたが、王子はスキをついて黒金座主の耳を切り落とした。黒金座主は死んでしまったが、最後に「このうらみ、はらしてやる」と言い残した。

それ以来、北谷王子の住む大村御殿に黒金座主の幽霊が現れるようになった。黒金座主は大村御殿で男の子が生まれると次々と呪い殺した。そのため、大村御殿の家の人々は男の子が生まれると、「大きな女の子が生まれた」と叫んで、黒金座主の呪いを受けないようにしたのだといわれているんだ。

この話が生まれた時代は、仏教を広めようとした黒金座主と、儒教を広めたい琉球王国が対立していた。だからお坊さんを悪役にして、琉球の王子が活躍する物語が生まれたのではないかという説もあるぞ。

▶ 琉球王国があった時代、悪事を働いたといわれている悪いお坊さんが死んだ後、妖怪になったものだ。
▶ 耳を切られて殺されたから、「耳切坊主」とも呼ばれているぞ。

沖縄に伝わる子守唄「大村御殿」では、「泣く子の耳を耳切坊主が切りにくる」と歌われているんだ。

コラム　沖縄の歴史と妖怪

昔、沖縄や奄美が琉球王国と呼ばれていたことを知っているだろうか。沖縄・奄美の人々は古くから独自の歴史や文化を持っていた。ここでは、沖縄の歴史と、妖怪との関係を考えてみよう。

沖縄に人々が住みはじめたのは遠い昔で、少なくとも 32,000 年前の化石がみつかっている。日本が田んぼで米を作るなどの農耕を始めた頃、沖縄では動物を狩ったり、木の実を採ったりする生活を送っていて、日本とは大きく異なる文化を持っていた。
それから農業が始まり、人々が同じ場所に集まって住むようになった。そして同じ場所に住むグループをまとめる人物として、按司と呼ばれるリーダーが現れ、やがてグスクというお城が造られるようになった。

ところが、人々が集まって暮らすようになると、別のグループと争いが発生するようになる。これによって按司の中にさらに複数の按司をまとめあげる王が現れ、その王が北山・中山・南山という 3 つの国を治めた。この 3 つの国を統一するために争った時代を三山時代と呼んだ。1429 年には尚巴志という人物が国を統一し、これが琉球王国の始まりとなった。その尚巴志の城が首里城だ。
この琉球王国は約 400 年間に渡って存在していた。1609 年には薩摩藩（現鹿児島県）が琉球王国を攻めこみ、支配する。これによって奄美が琉球王国から薩摩藩の一部になった。このとき、薩摩藩の武士だった名越左源太は奄美の人々の生活をまとめ、『南島雑話』という本を書いた。

ほかにも、この琉球王国時代には沖縄に関わるたくさんの本が書かれた。その中でも、琉球に伝わるさまざまな話を集めた『遺老説伝』や、琉球王国の歴史や文化について書かれた『球陽』、『琉球国由来記』といった本は 18 世紀に記されたもので、沖縄の妖怪たちの話も書かれている。たとえばキジムナーやシーサー、大鯨などは、この時代になって記録された妖怪だ。これは今、沖縄の妖怪とされているものたちが昔から人々のあいだで知られていたことを証明する、貴重な資料とされているんだ。
そして 1879 年、日本の明治政府は、琉球を「沖縄県」として日本に組み込んだ。これによって琉球王国はなくなり、沖縄は日本の一部となった。運天のユーリーやタチッチュ、仲西ヘーイなど多くの妖怪がこの時代に記録されたんだ。

太平洋戦争で日本が負けると、1945 年から 1972 年にかけてアメリカ軍が沖縄を治めた。だけど、名前や属する国が変わっても、そこに住む人が入れ替わったわけではないし、かたちづくられてきた文化がすべてなくなったわけではない。琉球王国の時代に記録されたキジムナーやアカマタ、シーサーといった妖怪や神様は、今も沖縄で親しまれている。
そしてテケテケやハサナーマジムンなどは、戦後に生まれた妖怪たちだ。歴史が変わっていく中でも、妖怪たちは同じ場所に存在し続けていて、また新しく生まれている。だからきっとこれからも、彼らは変わらず私たちの前に姿を現してくれるのだと思うんだ。

ザンは上半身が女性、下半身が魚という、人魚のような姿をした妖怪だ。ザンは野底村（現石垣市）に現れたといわれていて、こんな話が伝わっている。

ある日の夜のこと、3人の男たちが海辺で遊んでいると、海の向こうから女性の声が聞こえてきた。翌朝になって男たちがその声を確かめようと船に乗って網を投げると、ザンがかかった。男たちはめずらしいものがとれたと喜んで帰ろうとしたけれど、ザンが「私は海の外では生きられません」と泣くため、かわいそうになって海に帰してあげた。するとザンはそのお礼に「間もなくこの村に津波がきます。早く山へ逃げてください」と教えた。

3人はあわてて海から戻って、人々に津波がくることを教えた。すると野底村の人たちはその話を信じたけれど、隣の白保村では誰も信じなかったんだ。

そして、その日の夕方になると本当に津波がやってきて、山に逃げた野底村の人たちは助かり、白保村の人は津波に飲み込まれてしまったという。

この津波は1771年4月24日に実際に起きた明和大津波だといわれている。人々はこの津波のことを伝えるため、ザンの伝説を語り継いだのかもしれないぞ。

▶女性の上半身と魚の下半身をもつ人魚のような妖怪だ。

▶ザンを捕まえて食べると、家族に不幸なことが起きるという言い伝えもある。もし海辺でザンを見つけても食べようとは思わないことだ。

ヨーロッパでは、人魚はジュゴンを見間違えたものといわれている。沖縄はジュゴンのことを「ザン」と呼ぶんだ。

「ブナガヤ」は川や山にいる、全身が真っ赤な子どものような姿をした妖怪だ。特に大宜味村はブナガヤと関係が深く、山の中の小屋でブナガヤが現れるのを待って、その姿を見ようとする「アラミ」という行事が近頃まで行われていたんだ。

このブナガヤは、よく火に関係した話が語られる。火事が起きた場所の近くでブナガヤの姿が目撃されたり、ブナガヤが火の玉を放ったり、ブナガヤが現れるとブナガヤ火という火が見えたりするという。

このように、火事を起こす話が多いブナガヤだけれど、人間を助けてくれる話もある。たとえば、あ

るおじいさんが穴に落ちたとき、ブナガヤがおじいさんを家に帰る道の途中までおんぶしてくれたとか、オノを使って木を倒し、その木を使ってきれいな家を建ててくれた、などだ。

こうして火を使ったり、木を切って仕事を手伝ったりしてくれる話はキジムナーにもあって、ブナガヤとキジムナーは同じ妖怪だという説もある。ブナガヤとキジムナーは似たような話もたくさんあるんだ。でもブナガヤはキジムナーと比べると火に関する話がとても多い。ブナガヤとキジムナーは違う妖怪だけれど、いつしか混ざって語られるようになったのかもしれない。

▶真っ赤な姿をしていて、その体が表すように火や炎に関係した話が多い妖怪だ。
▶ブナガヤが火事を起こすという話もある。もし真っ赤な子どものような姿を見つけたら、近くに火の気がないか確認しよう。

川の石の上でお尻を振って踊っていた、なんて目撃情報もあるぞ！

片足ピンザ
かたあし

ピンザとは、宮古島の方言で「ヤギ」を表す言葉だ。「片足ピンザ」は本来4本ある足のうち、後ろ足が1本ないため、片足ピンザと呼ばれているらしい。そして何より恐ろしいのが、今でも現れるとうわさされている妖怪だということだ。

宮古島にはガングリユマタと呼ばれる交差点があって、片足ピンザはこの場所に現れる。夜にこの交差点を通ると、片足ピンザは2本の前足のヒヅメを地面に打ちつけ、残された1本の後ろ足を引きずって近づいてくる。そして叫び声を上げながら飛びかかってくるが、このときに片足ピンザに頭の上を飛び越えられると、魂を抜かれてしまう

のだという。

沖縄では古くからヤギの肉を食べる文化があり、ヤギは身近な動物だった。そのため、妖怪として語られやすかったのだと思われ、「ヒージャー(ヤギ)マジムン」なんて妖怪もいたりする。また、ウワーグヮーマジムンのように、沖縄の妖怪は人間の股の下をくぐって魂を奪う、というものが多いが、片足ピンザは頭上を飛び越えて行く。これは現実のヤギがよく飛び跳ねるため、くぐるよりも飛び越す方がイメージしやすかったのではないかと思うんだ。

 データ ▶片足ピンザのように体の一部がない動物の妖怪として、奄美には「片耳豚」、「耳無豚」、「片目豚」といった耳や目がないブタの妖怪が伝わっている。ただし、このブタたちは頭の上を飛び越えるのではなく、股の下をくぐってくるから、気をつけよう。

方言で「ガン」は「棺桶」、「ユマタ」は「十字路」を意味する。昔、ガングリユマタで棺桶を保管していたことから、この名がついたらしい。

那覇の泊から若狭町にかかる潮渡橋で夜に「仲西ヘーイ」と呼ぶと、水中に引きずりこまれて神隠しにあってしまう。神隠しにあった人間は大抵の場合、洞窟の中で見つかる。ただし、2、3日じゅうに発見しないと飢え死にしてしまうから、とても危険だぞ。

その一方で、こんな物語も伝わっている。昔、モーイという人が真夜中に墓場で骨を洗っている女性と出会った。理由を聞くと、女性はお金がなく、ひとりで夜に夫の骨をきれいにしていたのだという。そこでモーイはその女性を手伝い、お金をあげた。

それからというもの、モーイが夜に歩くと提灯の明かりが現れて行く先を照らしてくれるようになった。しかし人の姿は見えない。声をかけると返事がして、「骨を洗った時に恩を受けたので」と言う。それであの女性だと分かった。しかしモーイが「毎回照らしてくれる必要はない」と言うと、女性は「それなら仲西ヘーイと3度呼べば現れます」と言った。

ある時、モーイは急いで山原へ行かなければならなくなった。そこで女性との約束を思い出し「仲西ヘーイ」と3度呼ぶと、女性は牛のような姿で現れ、彼を乗せて素早く走った。それによりモーイは用事をすませることができたんだ。

 ▶ 那覇の潮渡橋で「仲西ヘーイ」と呼ぶと現れる妖怪だ。
▶ 妖怪そのものの名前は「仲西」だけど、「仲西ヘーイ」と呼びかけの声まで含めて名前として扱われることが多いぞ。

戦前の沖縄では、亡くなった人の遺体を棺桶に入れたあと、数年後に取り出して骨を洗ってからお墓に納めたんだ。

ウゥーグゥーマジムン

「ウゥーグゥーマジムン」はブタの妖怪だ。「ウゥーグゥー」はブタ、「マジムン」は化けものを表す言葉だから、「ブタの化けもの」といったような意味の名前となる。

その名前のとおり、ウゥーグゥーマジムンは小さなブタの姿をして現れることが多いらしく、人間の股の下をくぐろうとする。しかし、このとき絶対にくぐられてはいけない。もしくぐられてしまったら、その人間はウゥーグゥーマジムンに魂を取られてしまうといわれているからだ。

昔、沖縄で行われていた「毛遊び」という集まりにもウゥーグゥーマジムンは現れたといわれている。毛遊びは若い男の人と女の人が集まって歌を歌ったり、踊ったりするものだったけど、これに見知らぬ人が入ってきたら、ウゥーグゥーマジムンが化けたものかもしれないといわれていた。これを確かめるためには「ウゥー・ンタ、グーグー・ンタ」と歌うとよいと語られているぞ。

この妖怪が伝えられるようになったのは、沖縄ではブタがよく飼われて、おめでたい料理などに使われていたからだといわれている。沖縄の人にとってブタはとても身近な動物であり、そのために妖怪として信じられやすかったんだ。

▶小さなブタの姿をしているけれど油断は禁物。股の下をくぐられたらあの世行きだ！
▶沖縄はブタの妖怪が多い。「ジーワーワ」と呼ばれる妖怪もブタの妖怪だけど、やっぱり股をくぐられると魂を取られてしまうらしい。

毛遊びは男女の出会いの場で、今でいうパーティーや合コンのようなものだったんだ。

「ウチャタイマグラー」は人間が妖怪になったものといわれている。沖縄では旧暦の12月8日にムーチーというモチを食べる風習がある。しかし、西原町では、1日早い旧暦の12月7日にムーチーを食べる。それは、12月8日になるとウチャタイマグラーがやってきて、ムーチーを腐らせてしまうといわれているからだ。

ウチャタイマグラーは『遺老説伝』に登場する。それによると、昔、嘉手苅村（現西原町）という村に五郎という男がいた。えらい武人で、歌や三線などいろいろなことを得意としていた。特に相撲は強く

て、五郎に勝てる人間はいなかったという。それからしばらく経って五郎が死んだ後、西原町の御茶多理山という山に彼のお墓が作られた。

しかし五郎は死んでも相撲好きで、お墓の中でほかの幽霊たちを集めて彼らと相撲をとったり、歌を歌ったり、三線をひいたりした。そして12月8日になると供え物のムーチーを盗み食いするため、ムーチーが腐ってしまった。人々はいつしか「御茶多理山の五郎」という意味で、彼を「ウチャタイマグラー」と呼ぶようになったのだといわれているんだ。

▶五郎という人間が死んだあと、ウチャタイマグラーという妖怪になった。
▶北中城村では「ウーシヌハナマグラー」という名前で呼ばれていて、やはりムーチーを腐らせてしまうという。

12月8日にムーチーを食べるようになったのは、鬼ムーチー（p6）が由来だとされているぞ！

歌う骸骨

♪痛い 痛い 頭が痛い

♪ずっと こうしていたい

♪(It hurts)

沖縄には、死んで骨になっても歌う骸骨の話がある。

昔、ある女の人が失恋をして、その悲しみから山の中で命を絶ってしまった。それから春になり、女の人の亡骸がすっかり骨になってしまった頃、その頭蓋骨の下の地面からタケノコが生えてきて、骸骨を持ち上げてしまった。

それからというもの、夜になると「風が吹いて頭が痛い」といった歌が聞こえてくるようになった。近くの村人たちはこれを怖がって、歌が聞こえてくる場所に近づかなくなったけれど、ある日、ひとりのおじいさんがこの歌の聞こえる方を見にいく

と、骸骨が竹の上に乗っていた。それで歌っていたのはこの骸骨だと分かって、竹から降ろしてやり、墓を作ると、歌は聞こえなくなったのだといわれている。

こういった言葉を話したり、歌ったりする骸骨の話は世界じゅうにあって、日本でも800年代に書かれた『日本霊異記』という本に、骸骨が言葉を喋る話が書き残されている。その話でも骸骨の目にタケノコがささる場面があるので、沖縄の歌う骸骨の話にも影響を与えているのではないかと考えられるんだ。

▶歌う骸骨の正体は、失恋で命を絶った女性だ。
▶日本や西洋の歌う骸骨の話は、骸骨が歌で自分を殺した犯人を人々に教える、という話のことが多いぞ。

海外では、グリム童話の「歌う骨」が似た話として有名だ！

「ケンモン」は奄美に伝わる妖怪で、「ケンムン」と呼ばれることも多い。古い木にすんでいて、小さい子どものような姿をしており、体には毛があって、赤い。こういった特徴がキジムナーにそっくりであるため、沖縄でいうキジムナーが奄美のケンモンだと語られていたりする。九州や本州の河童にも似ていて、比べられることも多いぞ。

1800年代の終わりごろに書かれた『南島雑話』という本にはケンモンの絵が描かれていて、そこでは茶色の毛の河童のような姿をしている。そしてこの本では、ケンモンは今でも沖縄や奄美に生息

している鳥やヘビ、魚や植物などと一緒に描かれている。

ここから分かるのは、当時、ケンモンはほかの生物たちと同じく実在する生物と考えられていたということだ。これは河童も同じで、昔の人は河童やキジムナー、ケンモンを野生生物の一種と考えていたんだ。

本州や九州の妖怪を知っておくことは、沖縄の妖怪を考える上でも役に立つので覚えておこう。

▶歴史的に沖縄と関わりが深い奄美に伝わる妖怪だ！
▶人間とは仲良しで、助けてくれた人間に宝ものをくれたという話もある。
▶ただし、ケンモンをいじめると仕返しされることもあるから、気をつけよう！

『南島雑話』には、「ウバ」というケンモンによく似た妖怪も紹介されているぞ！

逆立ち幽霊（さかだちゆうれい）

首里から安里へと通じる真嘉比道（現那覇市）には、逆立ちの幽霊が現れたといわれている。

昔、仲の良い夫婦がいて、妻はとても美人と評判だった。しかし夫は、妻がほかの男のもとへ行ってしまうのではないかと心配するようになり、ついには体を壊してしまった。夫が「死んだら君がほかの男のところへ行ってしまうのが心残りだ」と言うので、妻はほかの男が言い寄ってこないよう自分の鼻を切り落とした。それから夫は回復したが、鼻のない妻の顔をいやがり、ほかの女性と仲良くなって、妻を毒で殺してしまった。それから妻は幽霊となり、夫の元に現れた。夫は妻の死体に足があ

るからやってくるのだと思い、妻の死体の足にクギを刺し、自分の家にお札を貼って幽霊が入ってこられないようにした。その後、妻は足にクギを打たれたため、逆立ちをして真嘉比道に現れるようになった。そこへ事情を知ったある武士が現れ、この幽霊を助けるため夫の家のお札をはがした。これにより幽霊は夫の家に侵入し、みごと復讐を果たした。幽霊は武士に感謝して、彼の出世の手助けをしたという。

この話は、沖縄芝居で演じられたことで、その物語が広まって有名になったんだ。

▶ 自分を裏切った夫をうらんでいる女の幽霊だ。逆立ち姿で現れるぞ。
▶ 江戸時代の『諸国百物語』という本に、同じように夫をうらんで逆立ちで現れる幽霊の話がある。これが元になっているのかもしれない。

沖縄芝居は明治時代にできた劇で、方言で演じられるんだ。

ジュリグヮーマジムン

ジュリグヮーマジムンは女性の姿をしたマジムンだ。ジュリ（身売りされた遊女）が死んで化けて出たもの、といわれている。実際にジュリグヮーマジムンに遭遇した話としては、こんなものがある。

現在の沖縄市の仲原と美原のあいだにある小高い山に、ジュリ墓という墓があり、そこにジュリの幽霊が現れるといううわさがあった。そこで仲原に住む男が見にいくと、本当に青白い女の幽霊が立っている。男は驚きつつも「フンドシでマジムンを撃退できる」という話を思い出して、自分のフンドシを脱ぎ、それを振り回した。するとそのフンド

シを誰かにつかまれたような感触があって、恐ろしさのあまり逃げだした。次の日その場所に行ってみると、フンドシは木の枝にひっかかっていた。男はそれを誰かにつかまれたと勘違いしたのだ。

沖縄に限らず、日本では妖怪や幽霊は女性であることが多い。昔の社会は男性中心で、女性の地位はあまり高くなく、ひどい扱いを受けることも多かった。そういったことに対してうらみや悲しみを抱えている人が多かったから、女性は幽霊や妖怪になって現れると考えられていたのだろう。

▶ ジュリ（遊女）が死後に化けて出たものだ。
▶ 三線の音や歌声を響かせるが、出会うと魂を取られてしまうという話もある。音が聞こえても、近づかないようにしよう。

お化けはフンドシに弱い。フンドシは今でいうパンツだから、もしお化けに出会ったらパンツを振り回そう。

大鯨はその名前のとおり、大きなクジラの妖怪だ。元々クジラは大きいけれど、大鯨はさらにスケールが大きい。

1600年代に書かれた『琉球神道記』によれば、体の大きさが数千丈（数千メートル）のクジラが現れたという話が記されているのだ。このクジラは夜に見るとまるで雲のようで、鳴き声やヒレを打つ音が遠くまで響いたという。また、このクジラが大きな山にまたがると、その後には倒れた木がたくさん残っていたという。世界でいちばん大きいといわれる動物、シロナガスクジラは最大で約30メートルだから、その何百倍もある大鯨の大きさはイメージするのさえも難しい。

このほかにも沖縄には巨大な魚の妖怪の話が残っている。『遺老説伝』という本には、「大鯖魚」という名前の妖怪が登場する。「サバ」は沖縄の言葉で「サメ」を意味するから、大きなサメの妖怪だ。この大鯖魚は宮古島の海に現れて船や人を襲い、人々をなやませていた。しかし豊見氏親という人物が退治に乗り出し、戦いの末、豊見氏親は大鯖魚に飲みこまれてしまう。しかし豊見氏親は魚の体内で剣を振り回し、大鯖魚の体の中をずたずたに切りさいて倒したのだと伝えられている。

▶ 大きさ数千メートルの巨大クジラ。
▶ 陸に上がってくることもあり、その体で木をなぎ倒すぞ。
▶ さらに宮古島には巨大なサメまで現れたといわれている。

豊見氏親は大鯖魚と戦ったあとに死んでしまったとされている。島を守った豊見氏親は今でも宮古島で祀られているぞ！

コラム マブイ・マジムン・幽霊

死んだ人間の魂が姿を現したり、生きている人に取りついたりする幽霊の話は、世界じゅうで語られている。もちろん沖縄にも幽霊はいて、運天のユーリーや黒金座主、ジュリグヮーマジムン、ハサナーマジムン、ウチャタイマグラーなどは妖怪でもあり、幽霊ともいえる存在だ。

そして、沖縄に伝わる幽霊はとても種類が多い。沖縄では魂のことを「マブイ」という。マブイは生きている人間に宿り、死んだ人は49日が経つとマブイがあの世に行くと考えられているけれど、沖縄のある地域では不幸な死に方をした人はマブイがあの世に行くことができず、「シニマブイ」というものになり、この世に留まり続けるのだといわれている。「シニマブイ」は「死霊」という意味で、病気やお産、自殺、事故などで死んだ人がなるという。

このシニマブイにはいくつか種類があり、たとえば「ヤナカジ」というものがいる。これは「悪風」という意味で、「イチャイカジ」、「アクフー」とも呼ばれていて、事故で死んでしまった人などの魂だといわれている。ヤナカジは健康な人をうらやましがって取りつき、取りつかれた人の体にはぶつぶつができたり、熱が出たりするとされている。

「シーマチチリムン」というのもいる。これは「シーマシヤー」「シーマシジャー」とも呼ばれ、亡くなった後、弔ってくれる家族がいない人がなるといわれている。そしてシーマチチリムンになった人が暮らしていた家を買ったりすると、祟られてしまうという。

海に囲まれた沖縄の浜辺には波に乗っていろいろなものが流れつくけれど、そういった漂流物は「ユイムン」と呼ばれている。その中には海でおぼれて死んだ人の死霊（ヤナムン）など、邪悪なものがついている場合がある。そのようなユイムンを家に入れると病気や不幸が起こるから、気をつけなければならないという。

もしシニマブイに取りつかれてしまった場合には、ユタのところに行く。ユタは特別な力を持っていると考えられている人々で、神様や死んだ人の言葉を生きている人に伝えたり、夢の内容を占ったり、病気やケガなどを治したりとさまざまなことをしている。シニマブイに取りつかれたと考えられる場合にもユタを訪ねて占ってもらい、その指示に従うことでシニマブイを体から退散させる。

このように、沖縄では不幸な死に方をしてしまった人は、生きている人間に対していろいろなかたちで悪事を働くのだと考えられていた。今の時代は科学や医療が発展しているから、病気やケガの原因が明確にわかるようになり、幽霊の存在を信じない人も多い。だけど昔はその理由を死んだ人の霊に求めることも多かったんだ。

でも病気やケガの原因がシニマブイではないと分かったからといって、亡くなった人たちを無視していいわけではない。もう亡くなってしまった人たちも、今生きている私たちと同じようにこの世界に確かに存在して、人生を生き抜いた人たちなんだ。そのことに敬意をもって、彼らの魂が平和に過ごせるよう祈ることは、今の時代にも大切なことなんだ。

タヂッチュ

沖縄本島北部の山原地方に住むという怪物で、夕方になると山から杖をついて下りてきて、子どもをさらっていく。力が強く、村の強い若者が相撲をとっても勝てる者はいないといわれていた。毛むくじゃらの大男のような妖怪だろうか。タチッチュは漢字で「嶽人」と書く。「嶽」は山を表す言葉だから、タチッチュは「山の人」という意味なのだろう。

夕方や夕暮れ時など、太陽が沈んで暗くなる時間に現れ、子どもをさらっていく妖怪は日本各地にいる。たとえば明治時代の東北地方では、「油取り」という妖怪が現れるといううわさがあった。これは子どもをさらってその体をしぼり、油を取ると

いうもので、子どもたちは夕方になると外に出ないように言いつけられていたという。

こういった妖怪が語られるようになったのは、本当に子どもをさらう犯罪者がいたためだと考えられている。昔は誘拐された子どもが売りものにされることがあった。それに対するおそれが、妖怪となって語られるようになったのかもしれない。

タチッチュも、もしかしたらそういった子どもをさらう人間を妖怪として呼んだものなのかもしれない。今の時代にはほとんどそういうことはなくなったけれど、誘拐事件は起きている。夜に外に出るときは気をつけよう。

▶山に住んでいる妖怪で、夕暮れになると山を下りてきて、子どもをさらってしまうといわれている。
▶さらわれた子どもがどうなるのかは分からないけれど、無事に帰って来られる可能性は低そうだ。

夕方に現れ、子どもをさらう妖怪は「隠し神」と呼ばれ、「タチッチュ」や「油取り」のほかにも「隠れ婆」や「叺親父」といった妖怪がいるぞ！

運天のユーリー

「ユーリー」は沖縄で「幽霊」を表す言葉だ。沖縄では不幸な死に方をした人間が成仏できずにこの世をさまよっている場合、それが人々に不幸をもたらすユーリーになる、と伝えている地域もある。

今帰仁村運天に伝わっているユーリーはとても背が高く、長い髪が顔をおおっている。さらに自分の身長を自由自在に変えることができるのだという。「シータカ、シータカ（背を高く、背を高く）」と言えばユーリーの身長が高くなっていく。もしこのユーリーに出会ってしまったら、これを利用し

てわざとユーリーの背を高くし、次に「シーヒク、シーヒク（背を低く、背を低く）」と言って背を低くする。すると人間よりもさらに小さくなってしまうので、このとき、ユーリーを木の枝などでぶつと、ユーリーは青い光を周囲にまきちらして退散するのだといわれている。

こういった背が高くなったり、低くなったりする妖怪は、「見越入道」や「のびあがり」など、沖縄以外の日本各地にも伝わっている。そういった妖怪の一種なのかもしれないぞ。

```
データ
▶「ユーリー」は、沖縄で幽霊を指す言葉だぞ。
▶南風原町にある一日橋という橋には、人間に幻を見せるウクサン小ユーリーというユーリーが出る。
　これは川でおぼれたウクサン（奥さん）のユーリーだぞ。
```

はじめに「シータカ」で身長を高くする理由はよくわからない。最初から「シーヒク」と言って低くすればよい気がする。

ピチ ピチ ピチ ピチ

1尺(約30センチ)ほどの大きさで、赤い体をしているという妖怪。腐った木のうろの中にすんでいるといわれていて、海で魚やタコを獲ったりすると伝えられている。また、夜になると人の家に入ってきて寝ている人を動けなくしてしまうという話もある。でも朝がきてニワトリが鳴くと帰っていくと考えられている。

このギルマナアは資料が少なくて、なかなか詳しいことがわかっていない妖怪だ。赤い体をしているとか、漁をする、人を動けなくする、といった特徴はキジムナーと似ているから、キジムナーの一種ではないかという話もある。ただキジムナーは一般的にタコが苦手で、木の精霊だから腐った木にすんでいるわけではない。こういった特徴はキジムナーと正反対だ。

ギルマナアはキジムナーと似ている部分もあれば、全然違う特徴もある。キジムナーの話が沖縄のいろいろな地域に広まるうちに、その言い伝えが変わっていって、ギルマナアという新しい妖怪を生みだしたのかもしれないんだ。

▶腐った木のうろにすんでいるという真っ赤な体の妖怪だ。
▶この本で紹介しているキジムナーと同じものだという話もあるけれど、違った特徴もある。比べてみよう。

沖縄の妖怪は、ニワトリの鳴き声が苦手なことが多いんだ!

ハサナーマジムン

名護市にあるハサナー山に現れるという妖怪。秋から冬にかけての季節、空が暗くなり始めると、この山のてっぺん近くにひとつ、光が現れる。この光は東の方向に動いていって、夜が明ける頃に川上という集落の近くの川のそばまでやってくるんだ。この光はハサナーマジムンと呼ばれていて、人に出会うとその人を引っぱり回して山や川を歩かせ、さんざんその人をくたびれさせてしまう。そして夜が明けるとその人を放って消えてしまうのだという。

ハサナーマジムンの正体は「シキー」と呼ばれる幽霊なのだという。シキーは「シチ」「シッキー」「シチマジムン」などと呼ばれていて、難産で亡くなった女性の幽霊がその正体だと伝えられている。姿は巨大な黒い煙のようだったり、見えない風や雲のようで、人を道に迷わせたりする。ハサナー山ではシキーに迷わされてくたびれさせられることを「シキーにもたれた」というそうだ。

本州や四国、九州でもキツネやタヌキといった動物に化かされて、山の中をさまようことになった、という話は多い。沖縄ではシキーやハサナーマジムンが同じようなことをしているのかもしれないぞ。

▶人を迷わせる幽霊のような存在だ。

▶名護市のハサナー山という山に現れるから、ハサナーマジムンと呼ばれるぞ！

▶ちなみに沖縄では道に迷って帰れなくなることを「ムヌマイー（物迷い）」と呼んだりするんだ。

福島県に伝わる「オンボノヤス」という妖怪は、山に入った人に霧を吹きかけ、遭難させてしまうといわれているんだ！

蕉妖
しょうよう

　蕉妖は芭蕉という植物の妖怪だ。芭蕉とはバナナのなかまで、琉球王国時代から沖縄の人々はこの芭蕉から糸を作っていた。そのため、琉球の山にはいくつも芭蕉を育てる畑があったが、夜にこの畑を通ると必ず蕉妖という妖怪に出会ったといわれている。この蕉妖は女の人の姿をしていたとされ、もし遭遇したとしても襲ってくることはなく、発見した人が驚くぐらいで、ほかに害はなかったといわれている。もしこの妖怪に会いたくないときは、日本刀を持っていくと蕉妖は姿を現すことはなかったのだといわれているぞ。

　この妖怪の話は1700年代、佐藤成裕という人が書いた『中陵漫録』という本に出てくる。それによれば、成裕は琉球に住む人からこの話を聞いたそうだ。琉球では、本当にこの蕉妖が目撃されていたのかもしれない。

　成裕は信州（現長野県）でも芭蕉の魂が女性の姿に化けた話があることも書いている。芭蕉は外国から輸入された植物であったため、地域によっては家の敷地に植えてはいけないといわれているなど、日本本土では嫌われていた。こういった風潮が芭蕉を妖怪にしたのかもしれないんだ。

 データ

▶ 芭蕉が人間の女性の姿に化ける妖怪だ。
▶ 中国にはお坊さんが女性の妖怪と戦って、これを刀で切りつけたところ、その正体は芭蕉だった、という話がある。蕉妖が日本刀を嫌う理由だろうか。

芭蕉の糸から作られた布は「芭蕉布」と呼ばれ、今でも工芸品として作られているぞ！

妖怪を調べてみよう

～マジムンをさらに知るために～

　この本で紹介されている妖怪は私が頭の中で考え出したものではなく、歴史のどこかで記録されてきたものだ。妖怪を調べるということは、その妖怪が伝えられてきた地域の文化や歴史、記録をたどっていくということなんだ。

　妖怪の調べ方はいろいろあるけれど、まずは資料を調べることだ。日本では妖怪について書かれた本がたくさん出ていて、子ども向けの絵本から研究者が読むような本まで、多くの種類がある。まずはいろいろな妖怪が載っている本を読むのがオススメだ。そういった本を読むと、どういうものが妖怪と呼ばれているのかが大まかに分かってくる。

　私が妖怪を調べるようになったのは子どもの頃、『ゲゲゲの鬼太郎』の作者として有名な水木しげる先生が描いた妖怪図鑑を見たことがきっかけだ。この世界にはこんなにもたくさんの妖怪がいるんだと感動したことを覚えている。動物や植物、そして人間とも違う、不思議で面白いなぞの存在に私は夢中になった。

　それからは妖怪事典や妖怪図鑑のような、もっと詳しくいろいろな妖怪が載っている本を読むようになった。すると、さらに世界が広がった。「この妖怪を調べたい」と限定して調べるよりも、まずはたくさんの妖怪に触れてみるのが肝心なんだ。

　そうやって妖怪の本を読んでいると、地域や時代によってどのような妖怪が信じられていたかが、次第にみえてくる。たとえば江戸時代や平安時代の本を読んでみたり。そういった本には、今とは違う時代の人々がどんな風に妖怪たちを見て、記録していたかが書かれている。それがとても面白いんだ。君も気になる妖怪に出会ったら、さらに

調べてみよう。

　たとえば沖縄の妖怪について調べてみると、キジムナーやユーリーなどの妖怪がいることが分かる。こういった妖怪たちが琉球王国時代から人々のあいだで信じられていたことや、本州や九州、四国の妖怪たちと比べて名前が独特なことがわかってくる。その一方で、キジムナーが河童と似ていることや、ユーリーは幽霊を意味していること、ほかの地域の妖怪たちと関係していることも分かってくる。これは、最初にたくさんの妖怪たちが載った本を読んだおかげだ。

　さらに詳しく調べるには、その妖怪たちが元々どんな資料に載っていたのかを調べる必要がある。妖怪は昔話や神話、伝説、うわさ話、お寺や神社の記録、探せばいたるところで見つかる。目撃したり、出会ったり、実際に存在するものとして妖怪が記されているものもあれば、物語のキャラクターとして、その作者が生み出したものもいる。絵と名前だけが描かれていて、ほかの情報が全く分からないものもいる。こういったことは、資料を読んではじめて分かるものだ。自分で妖怪の情報を集めるようになったら、それは妖怪研究の第一歩なんだ。

　琉球王国時代の資料は少ないけれど、『遺老説伝』や『球陽』などには多くの妖怪が登場する。また、昔話や民話などを集めた本を読むと、妖怪の活躍を知ることができる。

　このように、妖怪を調べるということはとても奥が深い。調べるほど新しい発見があって面白いんだ。もし、妖怪を調べてみたいなら参考にしてほしい。妖怪の世界は、いつでも君を待っているぞ。

妖怪研究を始めるために
ようかいけんきゅう　はじ

「歌い骸骨」（沖縄市ホームページ）
https://www.city.okinawa.okinawa.jp/
k063/sportsbunka/hakubutsukan/kyoudoh
akubutsukan/134/1610/1626.html

「御茶多理真五郎の墓」（西原町ホームページ）
http://www.town.nishihara.okinawa.jp/
asset/21ochatarishingoro.html

『沖縄怪談 耳切坊主の呪い』、小原猛、竹書房、
2022

『沖縄市文化財調査報告書第 26 集 むかしばなし
Ⅰ』、沖縄市立郷土博物館編、2002

「沖縄村落守護シーサーの類型分類と地域分布：
シナ海石造獅子・狗犬文化圏の比較研究（4）」（明
治大学教養論集刊行会『明治大学教養論集』収録）、
川野明正、2021

「沖縄における死霊観の歴史的変遷：静態的社会
人類学へのクリティーク」（国立歴史民俗博物館
『国立歴史民俗博物館研究報告』収録）、塩月亮子、
2001

『沖縄の幽霊：沖縄の幽霊百景＋ 20 話』、福地曠昭、
那覇出版社、2000

「片足ピンザ」（ごーやーどっとネット）
https://www.goyah.net/okinawa_legend/
tear/pinza.html

『球陽』巻八

『植物怪異伝説新考 下』、日野巌、中央公論新社、
2006

『竹富島誌 民話・民俗篇』、上勢頭亨、法政大学
出版局、1976

『南島雑話』（電子ミュージアム奄美）
http://bunkaisan-amami-city.com/
archives/1080

『日本怪異妖怪大事典』、小松和彦監修、東京堂出版、
2013

『日本現代怪異事典』、朝里樹、笠間書院、2018

『呪いの都市伝説 カシマさんを追う』、松山ひろし、
アールズ出版、2004

「マダン橋とマカン道：伝承の混同」（島村恭則・
日高水穂編『沖縄フィールド・リサーチ』収録）、
戸田有希乃、2007

「ムーチー（鬼餅）由来」（沖縄市ホームページ）
https://www.city.okinawa.okinawa.jp/
k063/sportsbunka/hakubutsukan/kyoudoh
akubutsukan/134/1610/1617.html

『山原の土俗』、島袋源七、郷土研究社、1929

『妖怪事典』、村上健司、毎日新聞社、2000

『琉球国由来記集』（琉球大学「琉球・沖縄関係貴
重資料デジタルアーカイブ」）
https://shimuchi.lib.u-ryukyu.ac.jp/
collection/iha/ih00601

『琉球神道記』（国立国会図書館デジタルコレク
ション）
https://dl.ndl.go.jp/pid/1040100/1/1

『琉球の死後の世界：沖縄その不思議な世界』、崎
原恒新、むぎ社、2005

「琉球における仏教説話の歴史地理学的研究：耳
切り坊主を事例に」（京都学園大学人間文化学会
学生論文集編集委員会『人間文化学部学生論文集
第 11 号』収録）、仲宗根春香、2013

『琉球民話集 球陽外巻 遺老説伝口語訳』、琉球資
料民話会、1963

「琉球妖怪変化種目琉球妖怪変化種目：附民間説
話及俗信」（小松和彦責任編集『怪異の民俗学 2
妖怪』収録）、金城朝永、河出書房新社、2000

朝里 樹（あさざと いつき）

1990年、北海道生まれ。2014年、法政大学文学部卒業。日本文学専攻。在野で怪異・妖怪の収集・研究を行う。著書に『日本現代怪異事典』『続・日本現代怪異事典』（ともに笠間書院）『歴史人物怪異談事典』（幻冬舎）、監修に『大迫力！戦慄の都市伝説大百科』（西東社）など。

ショルダー肩美（かたみ）

漫画家・イラストレーター。沖縄県出身。Webメディア「オモコロ」で4コマ漫画等を掲載中。話しかけやすい。

おきなわのマジムンず！

2024年7月8日　初版第一刷発行

文・朝里樹
絵・ショルダー肩美
デザイン　▶ぐりもじゃ・サスケ
発行者　▶池宮紀子
発行所　▶有限会社ボーダーインク
　　　　　〒902-0076　沖縄県那覇市与儀 226-3
　　　　　電話 098-835-2777　　FAX 098-835-2840
印刷所　▶有限会社でいご印刷